JN410920

어머니불佛

이문형 시집

인지
생략

들꽃시선 114

어머니 불佛

지은이/이문형
펴낸이/문창길
초판인쇄/2012년 02월 25일
초판펴냄/2012년 03월 01일
펴낸곳/도서출판 들꽃
주 소/100-273 서울 중구 필동3가 28-1 서울캐피탈빌딩 B202호
전 화/02)2267-6833, 2273-1506
팩 스/02)2268-7067
출판등록/제5-313호(1992. 5. 15)
E-mail:dlkot108@hanmail.net

값 7,000원
* 파본된 책은 바꾸어 드립니다.

ISBN 978-89-6143-156-9 04810
ISBN 978-89-951327-0-8(세트)

들꽃시선 114

어머니불佛

이문형 시집

詩曰; "妻子好合, 如鼓瑟琴。兄弟旣翕, 和樂且耽。宜爾室家, 樂爾妻帑。"

-『中庸 第十五行遠自邇章』 중에서

| 시인의 말 |

나를 돌아보니 이미 아무 것도 없다.
삶에 어떤 의미를 부여하고 싶었던가.
이제 나는 내가 아니라는 것을 알아갈 뿐.

낮이 뜨거워질수록 하늘은 점점 근시가 되고
우주 빛 밤하늘은 더욱 멀어져간다.
자전 공전 속에서 눈을 뜨면 언제나 찰나인 오늘은,
사는 게 아니라 매순간 살아내는 것이다.
영원永遠이 생명의 영속永續에 있다면
참 지독한 역설,
가야 온다는 것.

각설하고,
우주공간 어딘가에 완전한 진공이 있다는데,
이뭣꼬?

2012년 1월에

이문형

| 어머니불佛 |

차례

| 어머니불佛 |

제 2 부 : 어머니불佛

| 어머니불佛 |

| 어머니불佛 |

제 3 부 : 세상은 아름답고 그 또한 슬픔이라

| 어머니불佛 |

제
1
부

산

* 삶이란,

태백산 하나 쌓았다가 풀어내는 일

산 · 1

산 것과 어우러져
죽은 것은 빛이 되고
목숨이 없는 것은
소리로 살아나서
지금도 하늘로 향해
솟아나는 삶의 무게

있음으로 잊혀지는
저기 만년의 고독
새벽 강이 휘돌리고
들도 멈춘 자리
존재가 역사뿐이랴
본디 모습 방외方外여

이 땅의 이름으로
사랑은 모두 오라
희망조차 갈구 못한
미완의 숲 그도 오라

영욕의 아픔으로 산
허허로운 시대도

산 · 2

턱밑에
칼을 괴고 있지 않고서야
지는 해에 온몸 곳곳이
붉게 무너지던 네가
날마다 저리 시퍼런
새벽일 수 있더냐

산 · 3

사방이 절벽이다
오르는 길이 없다

정상을 오르는데
한 생애가 모자란다

누군가
저 벼랑 위에
집을 세운 이는

산 · 4

뼈가 뼈로 이어져서
절벽도 길이구나
쓰러지는 자신을
자신이 딛고 서서
또 다시
오르는구나
산 너머 너머
또 산

산 · 5

오르면 오를수록
내려가는 길 아득하고
채우면 채울수록
비워내기 막막하네

삶이란,
태백산 하나
쌓았다가 풀어내는 일

산 · 6

내리막 저 길이
오르는
길이었네
갈라지는 아픔도
아물면
길이 되네
궁굴려 오른 산마루
비로소 허공을 품네

산 · 7

층층이
초록 속에서
새의 주검 보았다면

은폐된
행간 속에서
짐승의 뼈 보았다면

당신은 그 많은 세월
참, 고독한 사람

산 · 8

내가 나를 업고 한세상 오르는데
바위가 업혔는지 삶이 천근이네

속계의
경계에 놓인
바위들은 무엇인가

산 · 9

마음까지 다 젖으면
뒷모습이 보인다지

눈도 코도 입도 없이
세상을 관조하는

저 산이
뒤척이는 소리
앞 뒤 없이 듣는다지

산 · 10

그리워한 곳까지
올라가 봐야한다

오르고 또 오르지만
늘 그리움이 더 높아

메아리,
가슴과 가슴
헤집을수록
난타다

산 · 11

수수만년 풍우에 씻겨
가슴까지 드러낸 골산骨山
물은 내리사랑 자취 없이 가문데
벼랑 끝
소나무 하나
목탑으로 서있다

산 · 12

오늘도 나를 지고
반야봉을 올라간다.

한 발은 무거워지고
한 발은 가벼워지네

발아래
굽이치는 생애
아련하고 벅찬 지평

산 · 13

무엇이 죄가 되고
무엇이 죄 아닌가

무엇이 사랑이고
무엇이 사랑 아닌가

천지天池에
무심 딛고 서면
사랑도 죄도 하나

산 · 14

누구의 손짓으로
이곳에 와 서있는가
발아래 저 상념들
무엇 하나 못 버리고
또 다시 오르던 길을
내려가길 몇 번

산 · 15

이곳에 살면서도
늘 보이는 건 아니다
가슴에 저며 놓은
허물 수 없는 사랑
망연히
한 때 못다 한
전생의 자리매김

산 · 16

세속이지 않겠다고
온 몸을 벗겨내며
교목喬木의 경계 넘어
바위로 구름으로
그 속을 헤집어보니
아직까지 들머리

산 · 17

세상 산다는 것은
채움인가 비움인가

내가 살기에 네가 필요한 견딜만한 삶이 있고 순응하는 생존 그 아름다운 기원을 넘어서서 티끌은 모두 사라지고 오를수록 한 점 뼈대만 남아 이곳엔 이미 생사가 하나라고 말하고 이곳엔 이미 생사가 없다라고 침묵하는 차마 탑인 줄도 모르고

우리는 그저 오르며
산이라고 불렀지

산 · 18

여기가 시작이면
그곳이 끝인가
굴곡의 갈래갈래
무엇이 뿌리고 잎인가
오름의 7부 능선 부근
어디부터 나인가

산 · 19

불이문 지나면서
정신없이 취했었네
어디서건 날 부여잡고
예서 살라하며
진홍의 가을 즙 내어
가슴에 부어대던 날

산 · 20

숨긴 거 하나 없이
내보이며 살았네
어떤 생명이건
품었던 대로 키웠네
저 깊은 죽음까지도
계곡에 걸어둔 채로

산 · 21

더 오를 수도 없고
더 버릴 것도 없다
오직 하나의 정점
벼린
각진 그
끝

뿌리는
이 땅에 두고
하늘로 서있다

산 · 22

마음 저미는 날엔
먼 숲길 돌아오시게
한 세상 오르던 길
운무雲霧 지나 우리 만나면
서로가 등 기대고 서서
오늘은 다붓하겠네

산 · 23

자신을 딛고 서봐야 높이를 알 수 있다

자신을 덜어 내봐야 깊이를 알 수 있다

무게의
중심은 너다

하늘인지
땅인지

산 · 24

여백을 채워가는 일이 한 삶이라면
삶에서 숨통 틔우는 일이 여백이리

무던히 균형 잡을 일

흔들리지 않는 너

산 · 25

어둠이 내려서니 온갖 소리 살아나네
길 문득 사라지고 사위四圍는 막막하네
공산空山은
아직 멀었다며
그만 내려가라네

산 · 26

마음이 화덕인지
세상이 불덩이인지
맑은 이마 빛나던 삶
만년설이 녹는다
산정은 본래 모습을 드러내는데
초라하다

산 · 27

어디쯤 오르면
그대가 나 아닌가
어디쯤 더 오르면
내가 나 아닌가
어디쯤,
어디쯤에서
공空이 무無 되는가

산 · 28

꽃그늘도 낮은 동산

평지가 되기 위해
온 비바람 불러 모아
백이고 천이고
뼈마디 다 추려내면

햇살 속
사리 한 사발

산 · 29

닷새 종주 산행거리
일 년이 다 되도록
머물지 못하고 벗어나지도 못하네
산곡山曲의 구句와 절節마다
발목 잡는 사연들

오늘은 예서 하룻밤을
언젠가 그 언젠가
사랑을 모질게 움켜쥐고 돌아서던
그 아픔 감싸고 서있는
서러움을 닮은 곳

마음을 비워야만 보이는 길이 있고
열두 번 넘어져야 갈 수 있는 길도 있네
저 산을 품고 가는데
길 아닌 곳 없네

산 · 30

- 융프라우 산

덜컹덜컹
톱니바퀴가 문명을 움켜쥐고
고도를 올라간다
생의 빙점을 넘는다
바람과 얼음과 돌과
은빛 영혼만 사는 곳
한계선은 지났다
롤링이 없는 데도
이쯤에서 존재가
자전 공전을 한다
지나온
저 길 바라보니
벼랑 끝, 아찔하다

제 2 부

어머니불佛

* 천지간에 어머니 아닌 것 있겠는가,

- 세상의 모든 어머니를 위하여

어머니佛 · 1

한 때는 물이다가 이 산 저 산 바람이다

나무가 인연되어 이제는 목탑이네

석굴암, 마당돌 위로 뿌리내린 영산홍

* 석굴암 : 의정부 호원동 산 96번지. 북한산 자락에 있는 암자.

어머니佛 · 2

어느 산 명당이든 절이 앉아 있었네

선운사 감싸 안은 동백 숲도 보이더니

그까짓 다 비워주고

웃고 있는 도솔산

어머니佛 · 3

상왕산 연못가의 배롱나무 보셨나요

옷가지 벗어놓고 휘이휘 거닐다가

개심사 단청 올리고

부끄러워 서있는

어머니佛 · 4

바람이 돌이 되고
돌이 별이 되는 계곡
은하수도 내려앉은
운주사 천 불 천 탑
세상이
꿈을 지고 와
부려놓고 갔구나

어머니佛 · 5

온다는 소식만으로

환해지고 있었던가

사랑도 깊어지면

멍울 몇 개 피던가

휘엉청

돋는 그리움

천 개의 촛불로 타고

어머니佛 · 6

한 때는 찬 이슬로 지붕 없던 하늘목수

마지막 줄을 짜내 세상 문을 닫아건다

빈 잎 속

태어나는 새끼

몸 보시하는 염낭거미

어머니佛 · 7

이별인지 모르게 가을 향을 담아내니

꽃잎이 노랗게 눈으로 내립니다

겨울 밤, 국화꽃 정원

찻잔마다 어립니다

어머니佛 · 8

눈이 부시지는 않게

밤하늘의 외등이네

더는 태울 것이 없어

온몸으로 빛을 받아

끝없이

비웠다가도

채워지는 만월이네

어머니佛 · 9

살을 베이고도

아프지 않은 마음

봐도 보이지 않는

그리움만 한가

하늘엔 하마 잊은 듯

낮달 하나 떠간다

어머니佛 · 10

- 아버지

산 너머 아득함을

무동 태워 보여주시는

아버지를 알기까지

아버지가 되어야 했다

이제는 깨금발로 서서

마음속을 보라한다

어머니佛 · 11

솟는 해를 품어 불꽃으로 일렁이다

불쑥 토해내는 아침 물결 위로

비상하는 새

바다도 빈 하늘가로

새를 날리는구나

어머니佛 · 12

초록이 진홍되어
불이문을 넘는다.

단청 없는 대웅전
까닭 없이 깊어가고

햇빛이 대비에 쓸려
절 마당도 환하다.

어머니佛 · 13

지난 밤, 망망한 하늘

별이 뜨던 자리로

산벚나무 가지 있어 콩새 하나 울고 간다

아직도 흔들리고 있는

푸른 자리, 별 그림자

어머니佛 · 14

전나무 숲길에서 마음을 놓쳤다네

벚나무 꽃그늘 아래 흩날리는 삶의 파편

내소사 대웅전 앞에선

졸고 있는 벌거숭이

어머니佛 · 15

하늘바람벌나비이슬

꽃아, 너는 기다림

열매 맺는 자리가 우주의 중심이려면

어머니 젖줄 닮은 우물

뿌리에다 묻어라

어머니佛 · 16

비자림에 가야겠네

바랜 고령목에 기대어 꿈을 꾸듯

오랜 잠에 들겠네

아직도 은근한 불씨 품고 있는

천년, 그 숲

어머니佛 · 17

밤은 아름답다고

저 별도 꽃이라고

바람도 찾아보면 사랑으로 보인다고

어머닌

오늘 밤에도

젖가슴을 내미신다

어머니佛 · 18

어머니 발길 따라 이슬이 길을 내고

저 달도 더러더러 나누어 걸었었던

석굴암 오르는 길이

낮아지고 있었다

어머니佛 · 19

백 팔 개의 가슴이 짓무르고 뭉거지도록

다 주고도 줄 것 없어 고개 돌려 슬퍼하시는

어머닌

전생에서도 어머니였을 거다

어머니佛 · 20

- 아버지 · 2

늘 한 뼘 거리에서
세상을 놓쳤을 때
영혼이 까부라져
나를 추스르지 못할 때

묵묵히
상처 지지며
어둠을 헤쳐 가는 행보

어머니佛 · 21

뿌리로 절이 한 채

몰래 숨어든다

개흙이 묻어놓은

향을 사를 때마다

연꽃은

탁세濁世를 돌며

가는 길을 밝힌다

어머니佛 · 22

자식을 여럿 업어

등이 휘었지만

환한 꽃등인 양

깔끔 떠는 금낭화

스스로

그것을 안들

또 모른들 어떠랴

어머니佛 · 23

어둠을 확인하는 몸짓들이 세상살이

그저 삶이란 가고 존재도 세월일 뿐

그러나 눈감고 봐라

저기 계신 미륵불

어머니佛 · 24

살다보면
문득 가슴을 에는 것이 있다

미역 꼬다리에서, 콩자반에서, 고사떡에서, 새벽 그릇 부딪는 소리에서, 아이스크림가게에서, 세탁소에서, 여관에서, 시장 어귀에서, 한증막에서, 철길에서, 탄약고를 지나면서, 마당바위에서, 장생포의 방파제에서, 축석고개에서, 모란꽃에서, 쪽진 머리에서, 지나가는 할머니의 파마머리를 보면서도 아려온다. 석굴암 오르는 길에서는 눈을 감아도 다 아프다. 병원에서 아,

세월이
묻어나는 곳
어디서나
어머니

어머니佛 · 25

태백의 제당굼샘 고목나무샘 물구녕돌샘

예터굼샘이 땅에 스며 검룡소로 솟으면

그 물이 아우라지 돌아 남한강의 젖줄이네

어머니佛 · 26

산 그림자 등에 업고

햇살 널어가며

그리움 가득담긴

꽃등 다는 먹감나무

오늘도 고샅을 돌아

하릴없이 해가 진다

어머니佛 · 27

부모와 부부의 만남보다 귀한 인연

이제는 자궁 밖 세상으로 보내노니

먼 훗날, 이보다 더한

불연佛緣으로 만나고저

어머니佛 · 28

도정道程의 끈
친친 휘감아
슬픔을 꽉 조인다

온몸을 에둘러서
감내堪耐로 마감한다

사랑은
번뇌의 매듭
다시 딛고 서는 일

어머니佛 · 29

은하의 물방울이

제각각의 색깔로

한 몸 되어 일렁이는

난바다에 갈까나

그곳엔 백팔번뇌도

별빛으로 잠긴다네

어머니佛 · 30

- 아버지 · 3

삶의 반이 어둠이데
천작天作으로 적막하고
사처四處가 길이지만
한발 한발 허방이데

보이네
찰그랑 찰그랑
어둠 너머 방울소리

어머니佛 · 31

봄이 되자 할미꽃이 제비꽃이 찾아옵니다
토끼풀도 개망초도 안개꽃도 문 두드리며
부모님 묘소 곁에서
문안인사 합니다

방초 난무하여 꽃 피우나 잔디 아니다
모두가 잡초라서 금화벌초 하려니
아서라
한 때 너희도
곳 모르는 꽃이었다

어머니佛 · 32

극極을 돌아온 빗물
뿌리로 스며든다

줄기를 어르며
꽃대를 만드는데

한 송이
꽃 피우기 위해
백 년은 걸렸으리

어머니佛 · 33

사랑은 천둥, 번개 뒤에
벼락을 치는거다

태양보다 더 뜨겁게
점화되는 삶의 뿌리

어머닌
여섯 번이나
벼락 맞고 사셨다

어머니佛 · 34

세상은
열어가는 아픔만큼
찬란하다

소멸을 예감하는
저 빛 부신
꽃떨기

사랑이
사랑을 부를 때
무장 앓고 있는 봄

어머니佛 · 35

오백년은 족히 넘은 회화나무 앞가슴

반절은 비워진 채 석양빛을 보듬는데

나머지 절반만으로도

참, 여여與與한 저물녘

어머니佛 · 36

홍진을 닦아가며
허공을 씻기는 봄비

이 한밤 추적임이
어린 날의 기척인양

그리움
자장가 되어
둥개둥개 내리는 비

어머니佛 · 37

길은 저마다의 길이라지만
아니다

삶도 저마다의 삶이라지만
아니다

세상엔 아닌 것들이
흘린 사랑이 더 붉다

어머니佛 · 38

광교 저수지에 제집인 양 내려앉아
점벙이는 시베리아산産 천둥오리가家
짐 하나 없다

잊었네
어미의 품은
하늘을 넘나드는 걸

어머니佛 · 39

세상 산다는 건 결국,
피운 먼지 지우는 일
골고루 닦아내도
눈길 더 가는 굽도리
애틋함
하나 더 품어
덧대는 걸레받이

어머니佛 · 40

- 아버지 · 4

어둠이
아직까지 어둠이지 않은 것은
언제나 불을 밝히신
당신 때문인데
신 새벽
심지 끝에서
마저 타는 저 불꽃

제 3 부

세상은 아름답고 그 또한 슬픔이라

차茶 한 잔 · 1

문무文武의 때가 되면
지는 해가 더 그립다
뒷산에 쌓아둔 바람
풀어지는 삶들이
이렇듯 다 어우러져
머물고 있구나

- 文武의 때 : 물과 불의 중화. 맹탕.

세월은 밖에 세워두고
어서 오시게나
해 뜨기 전 모습으로
여기 앉으시게
이곳엔 자리 트고 앉은
무상無想함만 있으니

더도 덜도 아닌 삶이
꿈이지 싶은 하루

세상 모두 고요하고
꽃잎처럼 내리는 비
저 산도 넉넉히 앉아
차 한 잔 달라하네

차茶 한 잔 · 2

그대 그리울 때
마음 저 편 등불 켤 때
뒤 돌아보던 황혼
들녘에 묻고 올 때
휘파람 소리로 오는 귀거래사 듣는다

속향이 배어든다 꽃잎이 묻어난다
살아 꿈이고자 하는 씨앗도 우러난다
오늘도 창가에 서서
밤하늘의 별을 센다

이제 마음 밭은 녹색 이는 적요
오가는 세월들을
둘 하나 거꾸로 세며
여보게,
짐 벗어놓고
차 한 잔 드시게나

간월도

여명의 바다보다 개펄에 눕는 노을
해석海汐의 어귀마다 스스로 불 밝히며
황혼의 끝, 끝에 서서
눈을 뜨는 뭍 하나
늘 흙 한줌 쥐고 정갈하게 떠나는 바다
이제 세상 무엇 하나 버릴 수 없음을 아네
저 뻘밭 무너지는 바다도
끌어안는 가슴들
이 땅의 낮과 밤을 같이 하는 접경부근
세월을 절여먹는 갯골의 이야기에
지금껏 눈 감던 달月이
일어서며 웃는다

* 해석(海汐) : 저녁 무렵의 밀물 또는 썰물.

수종사 종소리

세월을 읽던 행간 다 접은 줄 알았다
더는 흔들리지 않는 마음인 줄 알았다
이 한밤 먼 물결 소리에 잠이 깨는 심사는

삶에 이는 풍탁風鐸 모두 토하려다
파열된 목울대가 불꽃을 각혈한다
스스로 끓어 넘치며 쇠북소리 멀다

두물머리에 이르러 바닥을 치는 소리
사흘 밤낮 쏟아내며 무딘 가슴 두드리니
종각도 용통도 없이 온몸이 공명이다

그러니까 세물 네물 그저 바다에 이르나
백보를 걸어가면 백보가 다 파도인데
쿠우웅 물결을 모아 세월을 솎는 소리

겨울나무

잃어가고 비워내는 어려운 짓둥이로
세상사 소리와 빛 온 몸으로 싸 감는다
빙토의 서슬 푸름도 안아내면 살붙이

구체적인 것보다 더 현실적인 자리
마지막 살거리로 뼈마디 세워보면
만 갈래, 갈래 갈래로 깊어지는 가슴들

사라진 별 그러나 아직 지상으로 오는 별빛
그 빛으로 품 지지며 불 밝히는 불회목
왕국이 하나 스러지는 그 아픔이 배어난다

서산 마애삼존불

바람도 진화하는지 뼈를 세우는 가야산 계곡
천 년 전 마애석불 묵은 부처 풀어내며
본디로 돌아가지만
무연자비無緣慈悲 남긴다

가고 오는 길에 수인手印을 엿봤는가
떨어지는 해 그림자 삼존불을 비껴간다
오늘이 분명 여긴데
머문 자리 하나 없다

내가 마땅히 가야 다음 세상 오는 이치
어떻게 뜨고 져야 꿈 아닌 세상 올까
아직도 반가부좌로
천 년을 더 궁리 중

백담계곡에서

설악이 흘러내려 물과 돌이 하나 된다
여백을 걸러 가며 투명함이 깊어지네
인간이 들어선 자리 지워지고 있었다

들어오지 말라한다 몸을 섞어 안 살 바엔
나가라 하지 않네 숨겨 논 죄 그냥 있다
여전히 초심이 흘러 하나하나 일담一譚이네

천 년을 가리키며 여기가 깊은 사랑
제 빛깔 제 소리로 들고나는 허리쯤에
태초의 하늘 한 뿌리 자리차고 앉았다

구제역 2010 겨울

1

안 보여야 할 것이 보인다면 큰일이다
가령 소 돼지 발굽의 물집 혹은, 저 분분함

절망이 눈 뜨지 못하게
서정抒情 그마저 살처분

2

있어야 할 것이 없으면 비극이다
정육점의 곱창이나 오겹살 같은 것들

연탄불 식어가는 누옥陋屋
고개 숙인 저녁

민들레

1

한낮에도 그늘 서린 알량한 뙈밭에
함부로 뿌리 내리면 꽃조차 잡초 된다
내쳐진 풀꽃 더미더미
너무도 흔한 물상

2

달빛을 점등하는 도시 끝 산동네에
날마다 덧칠해도 꿈길 밖 무릉도원
여전히 90년대의
풍물들이 배기는 곳

벚꽃 질 때

시간이 잠시 길을 잃네

아지랑이가 집을 허무네

콩새들이 훠어이
꽃잎 물고 날아가네

바람은 꽃물이 들고
나는 하염없네

밤기차

밤하늘
먼빛만으론
마음을 낼 수 없어
별똥별 지는 곳에
별꽃을 피웁니다

그 꽃등
환한 자리로
어둠을 밀며
달립니다

통영

꿈속을 걸어가도 삶의 반절이 소금기
바다가 섬을 낳고 해미가 꽃 피우는,
밤이면 난만한 파도
이곳에서 잠이 든다

생사를 풀어내는 바다경전 가슴에 묻고
죽기를 각오하면 절벽도 눕는다고
처처에 삶의 비문秘文을
새기고 또 새긴 곳

바다도 산도 서로를 품으면 길이 된다
그 길에서 왁자하게 새벽을 여는 사람들
뭐 하나 버릴 것 없이
사는 게 다 그리운

또 하나의 꽃을 위하여

생의 모든 것이 감동으로 엮어져서
만지면 전율하며 일순 터지리다
언제나 그 어느 것도
남김없이 타는 불꽃
내 생애 깊은 자리 그 대 삶이 빛으로 와
사랑으로 남는 황홀한 오늘
꺼질 듯 못내 아려서
가슴에 패인 문신

연鳶

더 높이 올라보면
산은 산이 아니리다
욕심껏 다툰 삶도 삶이 아니라면
비로소 무위의 바람
꿈을 꾸는 대붕아

마지막 뿌리까지 남김없이 태우리다
사려둔 목숨일랑,
이제 날개를 다오
사랑도 마저 태우고
떠오르는 하늘 한 점

눈 오는 날의 삽화

하늘이 눈감은 사이
천지에 꽃이 피고

어허, 어지럽다
춤을 추는 흰 나비 떼

모두가 덩실거리며
발자국을 찍고 있네

백자를 위하여

어둠까지 삭혀내며 싸 감던 삶의 후광
흙, 그 몸을 추스려서 자작나무로 다비한다
순백의 사리만 걸러 고치 틀어 올렸다

모든 색色을 섞어보라 번뜩이는 먹피일 뿐
순간을 쪼아가며 오직 한 점에 서면
홀연히 모든 빛들이 내려박혀 어울린다

버릴 것 다 버리고 홀로 눈밭에 서다
스스로 불사르는 마지막 남은 영혼
아픔이 다 타고 남긴 그대 자태 등신불

태백 가는 길

하늘의 침묵이 무게로 내려앉아
청빈한 생명들로 손짓하는 안개 · 바람
사랑을 품은 값으로
지신地神 밟고
가는 길
세상은 아름답고 그 또한 슬픔이라
아래를 굽어보면 오를수록 본디 모습
나마저 떨쳐버리고
청정으로
가는 길
몇 번을 거듭나도 윤회되어 돌아든다
이제는 떠나리라 솟대 끝에 매단 업보
앞으로 내달아봐도
태고에 닿는
길 위의 길

낚시터에서

신 새벽 타령조에 할아버지 베잠방이
삼신할미 주술까지 밑밥 말아 던져본다
첫수에 그물에 담긴
잃어버린 옛날 하나

어미의 고질병에 아비의 슬픈 역사
월척인양 꺼내어 가슴으로 닦아본다
물안개 피어있는 강
응시하는 바위 되어

기마의 말발굽이 자명고를 깨우는가
저 달의 빛무리에 신화가 싹 트는가
그러면 버려진 족보
되낚을 수 있겠다

지하철 서정

도시의 그 무게로 가라앉는 삶의 통로
회색의 파이프라인 도심을 관통하면
하루가 꼬리를 물고 긴 행렬로 이어진다

구석기 그 이후로 또 다른 혈거시대
산 밑동 허물 듯이 파고드는 도시의 전설
여기는 사계를 잃은 또 하나의 지하왕국

반추하는 일상에서 때로는 일탈하는
환상環狀의 동굴 속에 언뜻 보이는 하늘
차창에 파랑새 하나 얼비치고 있다

맹사성 고택에서

휘도는 외풍에도 뼈대가 위엄차다
옥개 위로 번져가는 선현의 저 푸른 후광
세월에 무관심하던
해 걸음이 멈칫한다

삶이 크고 깊어 행단이 찬연하다
고택의 언저리도 고불 닮아 청청하고
더하고 뺄 것도 없이
이 자리가 숭엄하다

돌담 너머 구괴정에 수수백년 스민 낙도樂道
풍모를 익혀가던 쌍행수에 잎이 지니
농익은 건강한 가난
전설되어 환하다

사인암

일겁一劫을 견디고서 덕절산에 솟은 까닭은
쩌억 쩍 갈라지며 벼랑 끝을 세운 탓은
사인만 부르고자함이 아니다

그대여!

| 작품해설 |

부드러운 힘, 깨달음의 형상

- 이문형의 『어머니 佛』

홍 성 란 | 시조시인, 성균관대 강사

| 작품해설 |

부드러운 힘, 깨달음의 형상

-이문형의 『어머니佛』

홍 성 란 | 시조시인, 성균관대 강사

1

『어머니佛』은 산행의 구체적 경험과 불교적 사유에서 비롯한 인생론적 깨달음을 온축한 이문형의 두 번째 시집이다. 단시조와 연시조 그리고 2편의 사설시조를 포함하여 92편의 다양한 형식 체험을 보여주는 『어머니佛』은 자연의 눈짓과 귀띔에서 얻은 깨달음과 지혜의 보고寶庫이기도 하다. 이 깨달음은 때로 의식의 성장을 불러와 하나의 아포리즘에 육박하기도 하고 때로는 낯설지 않은 견자의 희미한 행로를 보여주기도 한다. 이문형 시조는 대체로 단호한 정격의 세계를 담지하고 있으나 드문 경우 시적 형식의 낯선 모색을 통하여 탈격으로

규정할 수 있는 시조 해체에 육박하기도 하며 남다른 실험의지를 보여주기도 한다.

산에 가면 산만 있는 게 아니라, 소나무도 있고 대나무도 있고 갈참나무 졸참나무 상수리나무 붉나무도 있다. 바위도 있고 왕모래도 있고 억새도 싸리나무도 개미도 뱀도 딱따구리 비단벌레 하늘소도 있다. 절집이 있고 스님이 있고 공양주 보살이 있고 땔나무 하는 부목도 있다. 석굴암 개심사 운주사 내소사, 불이문 지나 대웅전, 미륵불 옆에 배롱나무 먹감나무 저만치 벚나무 전나무 비자림이 펼쳐진다. 산 것과 죽은 것, 소리도 있고 빛도 있다. 이 모든 것이 우리 삶을 지탱하게 하기도 하며, 삶의 무게이기도 하다. 이 모든 것이 우리 삶이요, 역사라는 존재다. 그러나 이 모든 것을 초월한 세계도 한 세계여서 거기 속하지 못한 "사랑"과 "미완의 숲"과 "허허로운 시대"마저도 시인은 「산」에 수렴되어야 한다고 본다. 자연인 산은 가리지 않는다. 산이라는 자연은 사량분별思量分別 가리지 않는다. 그러므로 不二다. 또한 자타불이.

일찍이 유마불이법문維摩不二法門으로 우리에게 不二는 낯설지 않다. 그러나 "삶이란,/ 태백산 하나/ 쌓았다가 풀어내는 일(「산 · 5」)"이요, "천지간에 어머니 아닌 것 있겠는가(2부 어머니佛 도입부)"라는 정언을 듣노라면 불이마하연不二摩訶衍 아닐 수 없다. 그러니까 눈짓하는 자연이나 자연의 눈짓과 속삭임을 받아 적는 시인이나 자타 혹은 주객의 관계를 초월한 경지는 아닌가 생각하게 한다는 것이다. 자연은 시이고 시인은 자연이고 시를 쓰는 시인 또한 시가 아닌가 생각하게 한다는 것이다.

> 턱밑에
> 칼을 괴고 있지 않고서야
> 지는 해에 온몸 곳곳이
> 붉게 무너지던 네가
> 날마다 저리 시퍼런
> 새벽일 수 있더냐

-「산 · 2」 전문

가장 높은 데 산에 들어 운무 아래 펼쳐진 원경을 본다. 얼마나 일찍 행장을 꾸렸으면 "턱밑에 칼"을 괸 산의 원경, "시퍼런 새벽"을 볼 수 있을까. 산정에서 내려다 본 원경은 "지는 해에 온몸 곳곳이/ 붉게 무너지던" 원경의 바다였으리. 일몰과 일출의 장관. 이쯤 되면 사람도 조락이후 충천하듯 "시퍼런 새벽"쯤 들일 수 있어야 할 것. "시퍼런 새벽"은 자연의 가르침이요, 깨달음의 자세이다.

> 뼈가 뼈로 이어져서
> 절벽도 길이구나

쓰러지는 자신을
자신이 딛고 서서
또 다시
오르는구나
산 너머 너머
또 산

-「산 · 4」 전문

산에 들면 산만 있는 게 아니라 뼈 같은 층층절벽도 있다. 쓰러지고 또 쓰러지며 오르는 절망스런 오름길도 있다. "쓰러지는 자신을" 딛고서, 자신을 극복하고서 마주하는 정상. '결국, 나의 천적天敵은 나였던 거다(조병화, 「천적」). 자꾸 쓰러지고 마는 나약한 용렬한 나의 천적 같은 나를 극복하고, 나를 "딛고 서서" 넘어서야만 마주할 수 있는 정상. 나를 딛고서야 내가 설 수 있다는 산의 가르침이요, 절망 같은 "절벽도 길"이 된다는 깨달음이다.

내리막 저 길이
오르는
길이었네
갈라지는 아픔도
아물면
길이 되네
궁굴려 오른 산마루
비로소 허공을 품네

-「산 · 6」 전문

삶이란 태백산 하나 쌓았다가 풀어내는 일일진대, 태백산만큼 큰 산을 쌓아 올리는 일은 얼마큼의 노역이며 그 태백을 풀어내는 일은 또 얼마큼의 고통을 알게 되는 일일까. 오르막도 숨차지만 내리막은 구르며 후들거리며 가는 길이어서 깨어지고 갈라지는 아픔도 다반사이리. 그 "갈라지는 아픔도/ 아물면/ 길"이 된다는 깨달음. 온몸으로 부대껴보지 않고서는 알 수 없는 일. "궁글려 오"르지 않고서야 태허太虛, 발아래 "허공을 품"을 수 없다. 산에 드는 사람이 산의 가르침을 받들어 올릴 수 있다.

'내려갈 때 보았네/ 올라갈 때 못 본/ 그 꽃(고은, 「그 꽃」).' 올라갈 때 못 본 그 꽃을 내려갈 때 볼 수 있는 사람의 자세는 무엇이 다른 걸까. 생각을 짊어지고 올라가는 길과 "마음을 비"우고 내려가는 길은 다르다. 마음을 비워야 채울 수 있다. 빈 마음자리에 꽃이 들어와 앉을 수 있다. "마음을 비워야만 보이는 길"이 되는 것이다.

마음을 비워야만 보이는 길이 있고
열두 번 넘어져야 갈 수 있는 길도 있네
저 산을 품고 가는데
길 아닌 곳 없네

-「산 · 29」 셋째 수

"마음을 비"우고 "열두 번"은 "넘어"지며 가는 길은 길 아닌 곳이 없다. 자연 아닌 속세에서 일었던 번다한 욕망들 다 잊어버리고, 들끓는 생각들 다 잠재우고 산이 되어 가노라면 '그 꽃' 같은 고요한 착한 맑은 놀라운 깨달음이며, 묘안이며 방책이 깃들기도 한다. 그런 묘안이고 방책이 깃들게 하는 산이라면 그 또한 깨달음의 "길"인 것이다.

무엇이 죄가 되고
무엇이 죄 아닌가

무엇이 사랑이고
무엇이 사랑 아닌가

천지天池에
무심 딛고 서면
사랑도 죄도 하나

-「산 · 13」 전문

천지는 백두산 천지일까. 그 천지의 경계에 서면 죄가 무엇이고 사랑이 무엇이라는 인간의 샤량분별, 사리를 헤아려 판단하는 일 자체가 부질없다는 것. "사랑도 죄도 하나." 불이. 무심無心이란 일체의 사량분별을 두지 않아 그 어디 그 누구 그 무엇 그 어떤 경계에도 마음이

기울어지지 않는 상태이니, 사랑이나 죄라는 것도 상대적 분별지일 뿐. 지금 이 순간 어느 경계로도 마음이 기울어지지 않는다면 사랑은 사랑대로 어여쁜 일이요, 죄는 죄대로 이유가 어여쁜 것. 서로 다를 바가 없는 감정의 변주요, 작용일 뿐. 그러니까 이것이 지금 나에게 사랑인가, 죄인가의 문제인 것이다. 나와의 관계에서 비롯된 분별지라는 것이다. 이 분별지만 없으면 경계가 사라지는 것이다. 사랑도 죄도 하나. 불이.

2

예부터, 우리나라 명산에는 대찰이 있고 대찰은 배산임수, 북으로는 산을 두르고 남으로는 물을 바라보는 명당이다. 도솔산 선운사 동백 숲이 조락의 계절을 맞고 있으니 시인에게 그 장관은 "그까짓 다 비워주고/ 웃고 있는 도솔산"이요, 붙잡았으면 놓을 줄도 아는 "어머니 拂"의 형상이다(「어머니佛 · 2」).

어머니佛. 어머니는 이해 깊은 보호자다. 『부모은중경』에서는 어머니의 은혜 열 가지를 들어, 무엇에도 비할 수 없다고 했다. 그 열 가지는 "아이를 배어 지키고 호위하는 은혜, 해산에 임하여 고통 받는 은혜, 자식을 낳고 근심을 잊는 은혜, 쓴 것은 삼키고 단 것을 토하는 은혜, 마른 데를 피하고 젖은 데로 나아가는 은혜, 젖 먹여 기르는 은혜, 좋지 않은 것을 씻고 가시는 은혜, 멀리 출타하면 생각하고 염려하는 은혜, 몹쓸 업을 짓는 은혜, 끝까지 어여삐 하며 불쌍히 여기는 은혜이다. 『불교대사전』에서는 佛을 깨달은 자, 진리에 눈을 뜬 사람, 완전한 인격자, 절대의 진리를 깨달은 사람, 스승 존경받을 만한 사람, 스스로 진리를 깨닫고 타인을 깨닫게 하며 깨달음의 작용이 지극히 가득한 궁극의 각자覺者라 적고 있다. 이 모두가 부처요, 우리들의 어머니를 가리키는 말과 다르지 않다. 어머니佛. 어머니 또한 부처라는 말이다. 여기서 어머니는 나를 낳아주신 생물학적 관계로서의 어머니만은 아니다. 대자연이 인간을 기르고 품어 안는 모성으로서의 어머니다. 그런 대자연도 부처요, 육신을 현시顯示하게 하신 생물학적 관계로서의 어머니도 부처다. 어머니佛이다.

초록이 진홍 되어
불이문을 넘는다.

단청 없는 대웅전
까닭 없이 깊어가고

햇빛이 대비에 쓸려
절 마당도 환하다.

-「어머니佛 · 12」 전문

무성하던 그 여름의 초록이 진홍이 되도록 불이문을 넘어왔다. "단청 없는 대웅전/ 까닭 없이 깊어가"는 경계. 시간에 풍화한 단청은 고색창연한 절집의 운치를 더하는데 시인은 "까닭 없이 깊어"간다 했다. 이 시를 시이게 하는 대목이다. 종장으로 시점이동하면 햇빛 드는 절마당이 환하게 보인다. 시누대 긴 자루를 꺾어 모은 대비로 노스님이 비질하셨는지 대비에 쓸린 비질무늬가 환히 보인다. 이 맑은 풍경이 왜 어머니佛 형상 아니겠나.

자식을 여럿 업어

등이 휘었지만

환한 꽃등인 양

깔끔 떠는 금낭화

스스로

그것을 안들

또 모른들 어떠랴

-「어머니佛 · 22」 전문

금낭화를 보면 시가 보이고 이 시를 보면 금낭화가 보

인다. 어머니가 보인다. 꽃분홍 비단주머니. 금낭화는 분홍빛 복주머니 같은 꽃송이를 여럿 휘어지게 달고 있다. "자식을 여럿 업어/ 등"이 휜 금낭화. "환한 꽃등인 양" 선명한 꽃빛이 "깔끔 떠는" 모양으로 보이나 보다. 금낭화 스스로 제 몸이 휜 줄 알면 어떻고, 어머니가 등골 빼먹는 여럿 자식 키우느라 제 등이 휘어진 노파가 된 줄 모르면 어떠랴. 우리의 어머니도 어머니佛이고 금낭화도 어머니佛이다. 금낭화에서 어머니의 사랑을 본다. 희생을 본다.

봄이 되자 할미꽃이 제비꽃이 찾아옵니다
토끼풀도 개망초도 안개꽃도 문 두드리며
부모님 묘소 곁에서
문안인사 합니다

방초 난무하여 꽃 피우나 잔디 아니니다
모두가 잡초라서 금화벌초 하려니
아서라
한 때 너희도
곳 모르는 꽃이었다

-「어머니佛 · 31」 전문

부모님 묘소에 찾아온 할미꽃 제비꽃 토끼풀 개망초 안개꽃을 잔디 아니라고 금화벌초 하려하니 "아서라/ 한 때 너희도/ 곳 모르는 꽃이었다"고 만류하는 자비심

충만한 어머니 음성이 들려온다. 사실 이 꽃들은 나대신 부모님 곁에서 안부를 여쭙고 말동무하는, 자식보다 나은 존재인지 몰라. 이 값없는 꽃들이 없으면 봉분은 얼마나 삭막할까. 따분할까. 그렇지. 우리는 한 때 무명초. 값없는 풀은 아니었나 몰라. 값없다니. 토끼풀은 토끼풀대로 개망초는 개망초대로 이름에 값하는 하나의 존재 아닌가. 좌우상하 신분계층을 나누고 값을 매겨온 인간중심적 사고의 분별지를 거두어야 자연이고 불이이고 무심이다. 우리는 한때 제비꽃이었고 몇 겁을 지나는 사이 우리는 한때 할미꽃이었으리.

극極을 돌아온 빗물
뿌리로 스며든다

줄기를 어르며
꽃대를 만드는데

한 송이
꽃 피우기 위해
백 년은 걸렸으리

-「어머니佛 · 32」 전문

자연계를 순환하고 "돌아온 빗물"은 다시 "뿌리로 스며든다". 또 "줄기를 어르며/ 꽃대를 만드는데// 한 송이/ 꽃 피우기 위해" 또 "백년은 걸"릴 것이다. 빗물은 줄기가 되고 꽃대가 되고 꽃송이가 되고 흙이 되고 구름이 되고 비가 되고 또 극을 돌아와서는 무엇이 될 것인가. 우리는 한 때 바위였다 불이었다 바람이었다 구름이었다.

한 때는 물이다가 이 산 저 산 바람이다

나무가 인연되어 이제는 목탑이네

석굴암, 마당돌 위로 뿌리내린 영산홍

-「어머니佛」 전문

각주에 따르면 석굴암은 의정부 호원동 산 96번지 북한산 자락에 있는 암자이다. 이 암자 마당돌 위에 영산홍이 뿌리를 내리고 있다. 마당돌 위에 뿌리내린 영산홍이 왜 목탑 아니겠나. 지수화풍 어머니의 사대를 받아 이룬 나의 몸. 어머니는 한 때 흙이었다 물이었다 불이었다 바람이었다 영산홍이었다. 그러니 천지간에 어머니 아닌 것 있겠는가.

한 때는 찬 이슬로 지붕 없던 하늘목수

마지막 줄을 짜내 세상 문을 달아건다

빈 잎 속

태어나는 새끼

몸 보시하는 염낭거미

-「어머니佛 · 6」 전문

거미는 허공에 집을 짓는 "하늘목수"다. 허공에 뼈대를 세우고 그 뼈대 위에 이슬지붕을 얹는 하늘목수. 이 하늘목수는 때가 되면 "마지막 줄을 짜내 세상 문을 닫어 건다". 풀잎을 도르르 말아 그 "빈 잎 속"에서 "새끼"를 기른다.

염낭거미는 야산이나 들길에서 볼 수 있다. 들길을 가노라면 도르르 말린 풀잎을 가끔 볼 수 있다. 도르르 말린 풀잎은 염낭거미가 알을 낳아 기르는 산실이다. 도르르 말린 풀잎은 외부와 차단되어 있다. 그래서 어미 염낭거미는 먹을 것 없는 이 집 속에서 제 몸을 먹이며 새끼를 만들어낸다. 그럴 수 있을까. 결국 우리의 어머니도 우리를 낳아 기르시느라 등골이 빠지고 허리 휘기는 한가지이나 염낭거미처럼 제 몸을 직접 보시하는 극단적인 모성은 아닐진대, 과연 어미 염낭거미는 어머니佛이라 이름 할만하다. 어머니佛.

3

「어머니佛」 연작 40편 가운데는 아버지佛도 4편이 들어 있다. 10번 20번 30번 40번. 십 단위로 아버지佛이 나오신다. 어머니 아홉 번 생각할 때쯤 아버지도 한 번 떠오르는 것일까.

산 너머 아득함을

무동 태워 보여주시는

아버지를 알기까지

아버지가 되어야 했다.

이제는 깨금발로 서서

마음속을 보라한다.

-「어머니佛 · 10 -아버지」전문

어리던 날 우리는 아버지 어깨에 올라 앉아, 올려주신 아버지 두 손을 잡고 멀리 높이 바라보던 때가 있었다. 설렘도 조금 긴장도 조금 놀라움도 조금 가슴에 담고 함박웃음 웃으며 말이다. "산 너머 아득"한 데 지금까지 우리가 모르던 경이가 있었다. 환희가 있었다. 동심을 숨기고 어른이 된 지금 아버지는 "마음속을 보라한다." 일체유심조. 모든 것은 마음에 달렸으니 마음 간수 잘 하라는 말씀이다.

"아버지를 알기까지// 아버지가 되어야 했다"고 말할

수 있는 사람은 행복하다. 부모가 되어서도 자신의 부모를 알지 못하고 아비를 땅속에 묻고서야 어미를 벌판에 버리고서야 알게 되는 어리석은 사람도 있다. 부모생전에 부모를 알게 된 사람은 행복하다. 우리가 우리 부모를 안다고 해도 우리는 부모의 자식사랑을 따를 수는 없지만.

삶의 반이 어둠이데
천작天作으로 적막하고
사처四處가 길이지만
한발 한발 허방이데

보이네
찰그랑 찰그랑
어둠 너머 방울소리

-「어머니佛 · 30 -아버지 3」 전문

"사처가 길이지만/ 한발 한발" 내딛는 세상은 위험 아니고 "허방" 아닌 데 없어 "삶의 반이 어둠"이지만 그 어둠 뚫고 들려오는 "방울소리"가 있다. "찰그랑 찰그랑" 아버지의 충고일까. 가르침일까. 묵묵히 워낭소리 앞세워 소를 몰고 오시던 아버지의 방울소리. 삶이란 뭐 다른 것 없다. 묵묵히 지금 내 앞의 일부터 묵묵히 해나가는 것. 그것이 순간의 삶이요, 하루치 삶이요 일생이다.

어둠이
아직까지 어둡이지 않은 것은
언제나 불을 밝히신
당신 때문인데
신 새벽
심지 끝에서
마저 타는 저 불꽃

-「어머니佛 · 40 - 아버지 4」 전문

부모가 자식의 등불이라는 것. 그래서 우리들의 미혹迷惑이 다만 어둡이지 않은 것은 남은 심지를 돋우고 마지막 날까지 불꽃을 올려 우리의 앞길을 밝히시는 아버지가 부모가 있기 때문이다. 아버지의 불꽃은 얼마나 갈까. 우리는 그것을 모른다. 호흡지간 뒷일을 모른다. 다만 오늘도 우리의 미혹이 아버지의 불꽃으로 어둡이지 않기를 발원하는 것이다.

4

『어머니佛』이 보여주는 이문형 시조는 형식과 의미내용 면에서 완미完美한 시조시학을 보여주고 있다. 평이하고 간결한 문체와 명징한 이미지는 독자 대중이 쉽게 다가갈 수 있는 소통의 활로를 열어두고 있다는 점에서 현대시조의 한 지표로 자리매김할 수 있을 것이다. 더불어 자연 형상에서 깨달음을 얻고 의식의 성장을 이루어 하나의 아포리즘에 도달한 경지는 경이다. 그러나 일단의 시조에서 보이는 관념성과 지나친 관습적 표현은 매너리즘에 빠진 듯 보이기도 하며 이런 이완된 시적 태도는 시를 진부하게 할 수 있다는 점을 경계해야 한다.「산13」이 보여주는 바와 같이 대상을 새롭게 읽어내는 참신한 상상력이 요구된다. 감각적 이미지 구사와 구체적인 이야기의 도입이 더 요구된다. 끝으로 「어머니佛 · 16」이 보여주듯이 굳이 행 배열과 연 구성이라는 시적 형식의 실험을 통하여 내비치는 장 구분 의식의 결여에 이르게 되면 3장시조의 정체성 문제를 묻게 된다.

비자림에 가야겠네

바랜 고령목에 기대어 꿈을 꾸듯

오랜 잠에 들겠네

아직도 은근한 불씨 품고 있는

천년, 그 숲

-「어머니佛 · 16」 전문

「어머니佛 · 16」은 한편의 시로서 손색이 없다. 제주 비자림은 우리를 오랜 잠에 들게 하는 유현幽玄한 어머니불의 형상임을 이 시는 아름답게 형상화하고 있다. 다만, 시조라는 장르표지를 달고 나왔을 때는 장르적 정체성을 묻게 된다는 것이다.

초장의 앞구를 1연 1행으로 하고, 초장의 뒷구와 중장의 앞구가 이어져 1연 1행을 이루고 있다. 중장의 뒷구는 독립하여 1연 1행을 이룬다. 결국 초장과 중장이 의미의 연계를 이루며 장의 해체를 보이고 있다. 종장은 앞구와 뒷구의 앞마디가 이어지고 뒷구의 끝마디는 독립하여 하나의 행이면서 연을 이루고 있다. 이 작품에서 특히 초장 뒷구와 중장 앞구의 결속이라는 장 구조의 해체는 우리에게 왜 시조인가를 묻게 한다.

시조 3장은 유기체와 다르지 않다. 하나의 章은 마디(음보)와 마디가 결합하여 句를 이루고 이 구와 구가 결합하여 장을 이룬다. 초장에서는 앞구와 뒷구가 균형을 이룬 균형의 미학을 보여준다. 중장에서는 초장의 원리가 단 한 번 반복되는 반복의 미학을 보여준다. 종장은 3음절 정형의 첫마디와 두 마디를 합한 것만큼 음량이 늘어나 앞구에 변화를 주는 전환의 미학을 보여준다. 이것이 균형과 반복과 전환의 미학을 가지는 시조의 내적 형성원리다. 이러한 시조성이 견지되었을 때 시조는 시조로서의 위의를 가지는 것이다. 한국시단은 시조와 함께 상호보완적인 자유시를 가지고 있다. 자유시 쪽에서 이것이 시조인가 물을 때 우리는 시적 형식이 보여주는 시조의 형식적 정체성을 어떻게 설명할 수 있을까 고민해야 한다. 이러한 고민에서부터 시조의 위의威儀를 옹호하는 단초가 마련된다. 시조장르의 담당층인 우리에게는 단호한 정격의 세계를 견지함으로써 일탈 혹은 탈격 지향의 자유시가 보이는 난삽과 장황에 '미학적 저항'을 수행해야 할 장르적 책무가 뒤따른다.

산행의 구체적 경험과 불교적 사유에서 비롯된 인생론적 깨달음을 온축한 두 번째 시집 『어머니佛』을 통하여 우리는 우리시대의 하나의 지표가 될 이문형 시조시학을 발견하게 되었다. 이 소통부재의 시대에 이문형 시인의 『어머니佛』은 평이와 단아로써 독자대중에게 자연스럽게 다가갈 수 있는 부드러운 힘을 지니고 있다.